JN071158

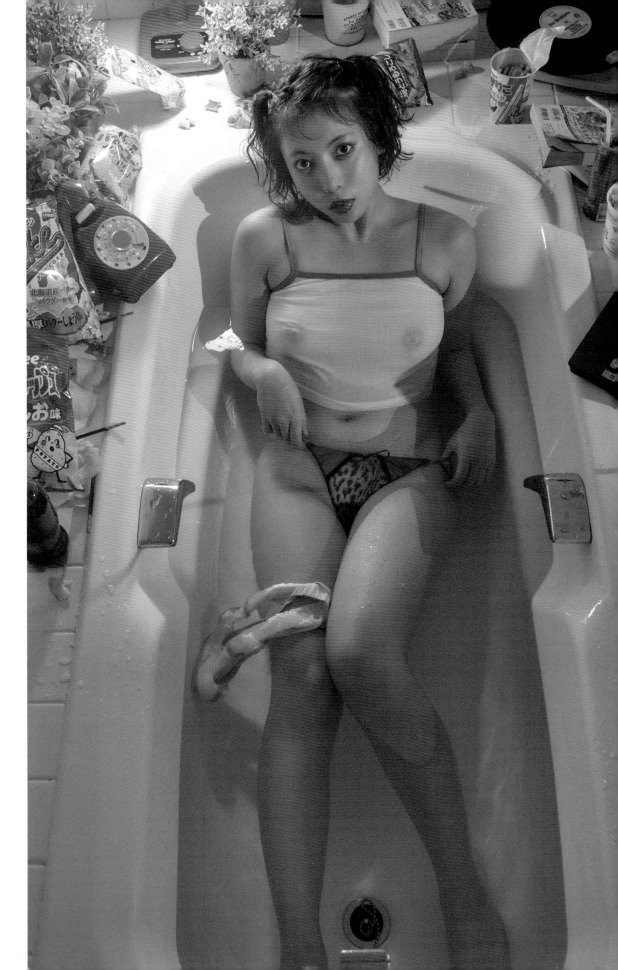

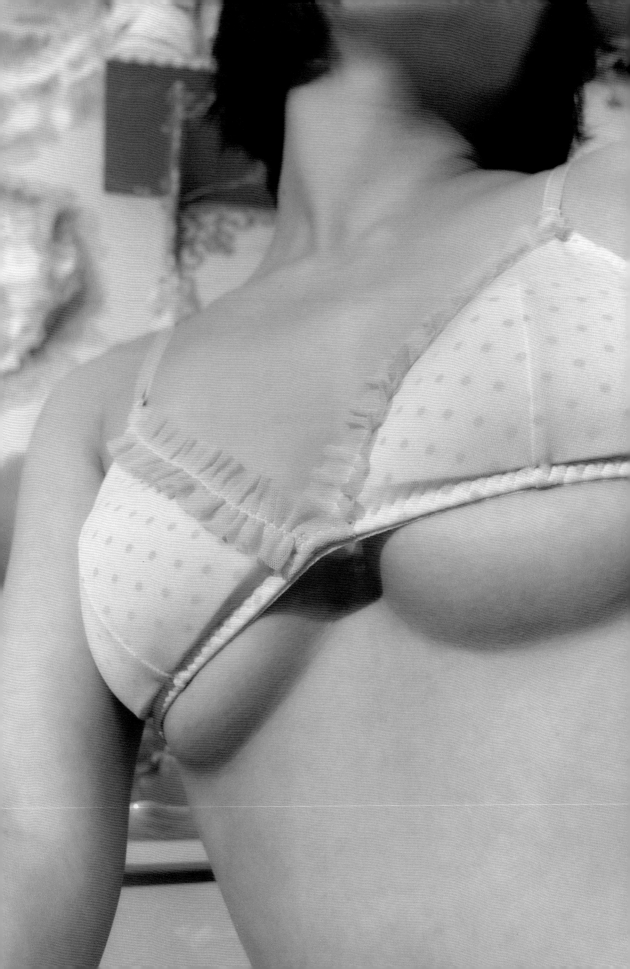

2022 年 3 月 24 日　初版第一刷発行

Model　安位カヲル
Photographer　小野寺廣信 (Boulego)
Stylist　松田亜侑美
Hair & Make　弾塚凌

Transworld Japan Inc.
Produce　斉藤弘光
Design　山根悠介
Sales　原田聖也

発行者　佐野 裕
発行所　トランスワールドジャパン株式会社
　　　　〒150-0001 東京都渋谷区神宮前 6-25-8 神宮前コーポラス
　　　　Tel：03-5778-8599　Fax：03-5778-8590

印刷・製本　株式会社グラフィック

ISBN 978-4-86256-342-2
2022 Printed in Japan
©Transworld Japan Inc.